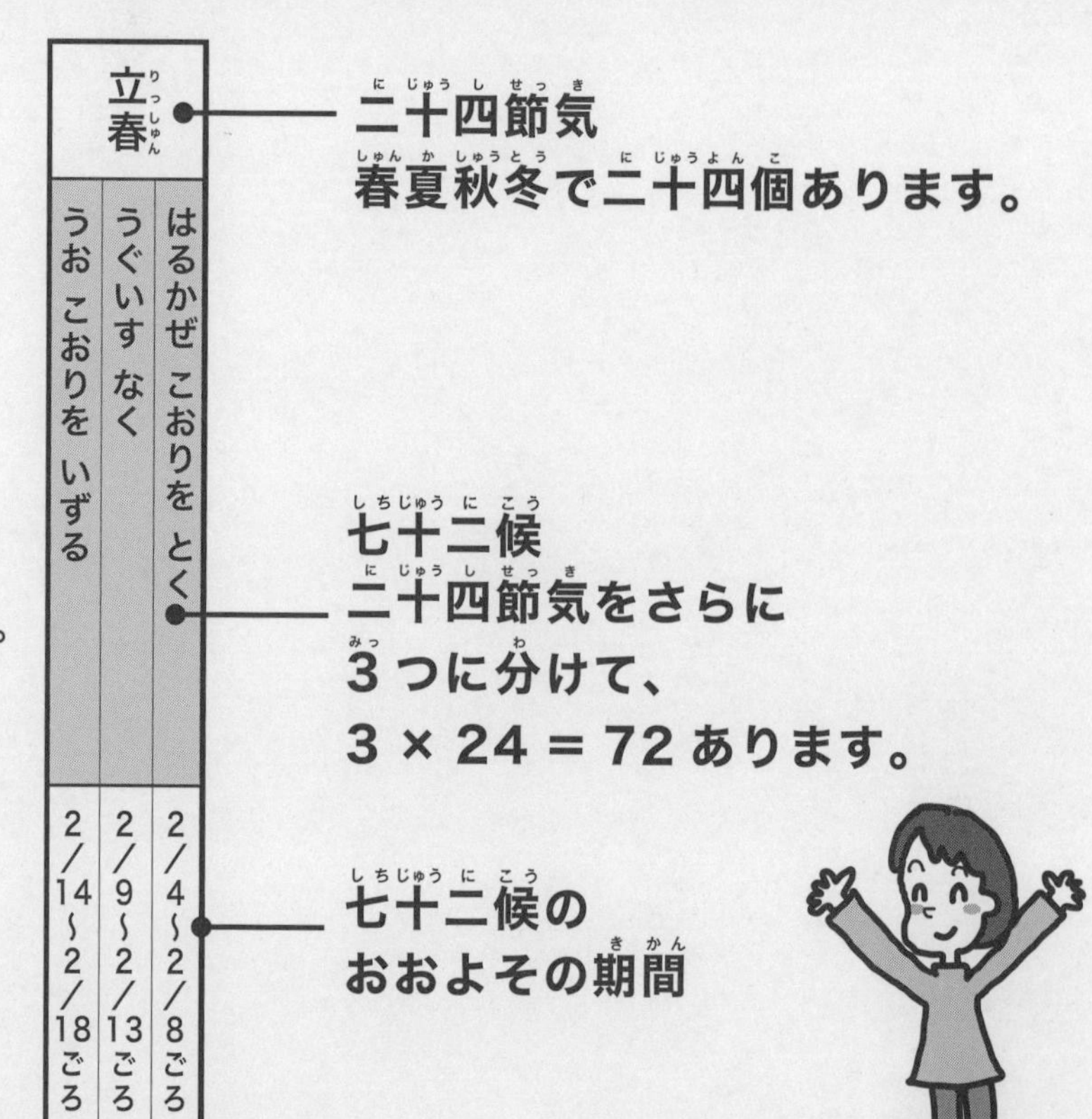

❷そして七十二候！

七十二候とは、
二十四節気をさらに3つに分けたものです。

七十二候表（秋・冬）

季節	月	二十四節気	七十二候	期間
秋	8月	立秋	すずかぜ いたる	8/7~8/12ごろ
			ひぐらし なく	8/13~8/17ごろ
			ふかき きり まとう	8/18~8/22ごろ
		処暑	わたの はなしべ ひらく	8/23~8/27ごろ
			てんち はじめて さむし	8/28~9/1ごろ
			こくもの すなわち みのる	9/2~9/7ごろ
	9月	白露	くさの つゆ しろし	9/8~9/12ごろ
			せきれい なく	9/13~9/17ごろ
			つばめ さる	9/18~9/22ごろ
		秋分	かみなり すなわち こえを おさむ	9/23~9/27ごろ
			むし かくれて とを ふさぐ	9/28~10/2ごろ
			みず はじめて かるる	10/3~10/7ごろ
	10月	寒露	こうがん きたる	10/8~10/12ごろ
			きくの はな ひらく	10/13~10/17ごろ
			きりぎりす とに あり	10/18~10/22ごろ
		霜降	しも はじめて ふる	10/23~10/27ごろ
			こさめ ときどき ふる	10/28~11/1ごろ
			もみじ つた きばむ	11/2~11/6ごろ
冬	11月	立冬	つばき はじめて ひらく	11/7~11/11ごろ
			ち はじめて こおる	11/12~11/16ごろ
			きんせんか さく	11/17~11/21ごろ
		小雪	にじ かくれて みえず	11/22~11/27ごろ
			きたのかぜ このはを はらう	11/28~12/2ごろ
			たちばな はじめて きばむ	12/3~12/6ごろ
	12月	大雪	そら さむく ふゆと なる	12/7~12/11ごろ
			くま あなに こもる	12/12~12/15ごろ
			さけのうお むらがる	12/16~12/21ごろ
		冬至	なつかれくさ しょうず	12/22~12/26ごろ
			さわしかの つの おつる	12/27~12/31ごろ
			ゆき わたりて むぎ のびる	1/1~1/5ごろ
	1月	小寒	せり すなわち さかう	1/6~1/9ごろ
			しみず あたたかを ふくむ	1/10~1/14ごろ
			きじ はじめて なく	1/15~1/19ごろ
		大寒	ふきの はな さく	1/20~1/24ごろ
			さわみず こおりつめる	1/25~1/29ごろ
			にわとり はじめて とやに つく	1/30~2/3ごろ

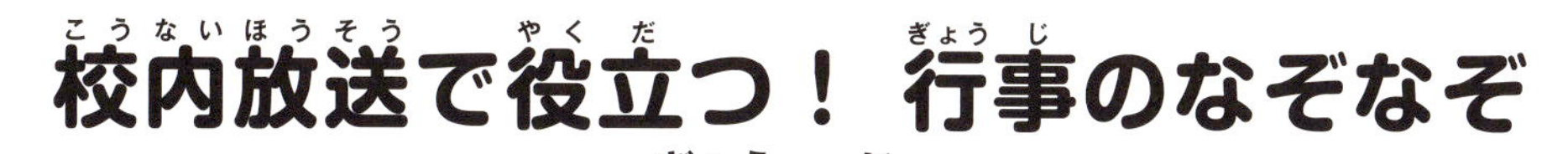

② 8月〜11月 行事のなぞなぞ

この本は、「行事」を取り上げて、なぞなぞにしています。
「今日はなんの日」「七十二候」などもなぞなぞで登場します。
こたえのページでは、それぞれのこたえに関わる内容を
くわしく解説しています。校内放送でも役立ちますよ！

もくじ

この本の使い方

各月に入っている、なぞなぞの見方です。ページをめくると
なぞなぞのこたえがあり、それぞれの解説があります。

なぞなぞのページ

ひと月を10日間で区切っています。

その月の上・中・下旬ごとにおもな行事を紹介します。

紹介している行事に関係したなぞなぞです。右の文を読むとヒントにもなります。

明るく元気な気持ちになれる言葉をなぞなぞでおくります。

一年を72に細かくわけて、きせつの変化をあらわすこよみ「七十二候」にまつわるものをなぞなぞにしています。

その期間にある記念日や祝日をなぞなぞにしています。

こたえのページ

こたえを見て、また前のページにもどって読んでください。

行事に関係したこたえになっています。そのこたえについてくわしく解説しています。

その期間の自然の変化をあらわすものをくわしく説明しています。

記念日や祝日のくわしい説明を知ることができます。

8月 8.1~8.10

花火大会

夏の風物詩といえば、花火大会ですね。打ち上げ花火は、江戸時代に隅田川でおこなわれた、水上祭がはじまりといわれています。ききんや疫病で亡くなった人たちの霊をなぐさめるために打ち上げられました。そのあと、夜風に当たって、花火をながめながら涼む文化が、全国的に広まっていきました。

行事のなぞなぞ

日本の夏のおまつりや旅行などの、楽しいときに着る服ってなーに？

きせつなぞなぞ

暑い季節になると咲く、お日さまの顔色ばかりうかがっている花って、なーに？

今日はなんの日なぞなぞ

8月3日は、武器と毒を持っているこわいものがあつめている、とってもあまいものの日です。さて、なんの日？

メッセージなぞなぞ

ありがとうの心に大切な数字ってなんだろう？

花火大会

行事のなぞなぞ こたえ ゆかた

旅行には宿泊がつきもの。このとき旅館で用意されているものと、夏のおまつりを合わせれば、こたえはゆかたです。

解説 ゆかたは、和服の一種で、大むかしでは蒸し風呂に入るときに着る服でした。それから、服をぬいでお湯につかってお風呂に入る時代になると、湯上がりに着る服になりました。家の中で着る服でしたが、江戸時代の中期になると、外出着としても着られるようになりました。

メッセージなぞなぞ こたえ

0＝礼

きせつなぞなぞ こたえ ヒマワリ

顔色をうかがうを、相手の方ばかり見ていると考えます。暑い季節でそんな花は、ヒマワリです。

解説 ヒマワリはキク科の一年草の植物で、太陽の動きを追うように、花の向きが回っていくことが、名前の由来です。タネは食用油の原料として利用され、日本には江戸時代に伝わりました。

今日はなんの日なぞなぞ こたえ はちみつの日

「あまいもの」と「あつめている」を考えてみましょう。そのあとで武器と毒をむすびつけて、武器＝針と毒を持つのはハチ。あつめているので、はちみつがこたえです。

解説 1985年に日本養蜂はちみつ協会（現・日本養蜂協会）と全日本はちみつ協同組合が、健康食品としてはちみつの魅力を知ってもらうために、定めました。「はち（8）みつ（3）」のごろ合わせで、8月3日になりました。

8月

8.11~8.20

お盆

お盆は、亡くなった人や先祖の霊をむかえて、家族で供養し感謝する行事です。東京の一部では7月のところもありますが、全国的に時期は8月13日から16日までです。13日におむかえするむかえ火、16日にお送りするおくり火をたきます。

行事のなぞなぞ

輪になっておどると、爆発音がしそうなおどりって、なーに？

今日はなんの日なぞなぞ

8月19日は、返事をすると、苦しくなりそうな日。さて、なんの日？

七十二候なぞなぞ

「なかなか」鳴かないけど、さかだちすると鳴く虫が活躍するころです。さて、なんの虫？

メッセージなぞなぞ

がまんするとき思いうかべる漢字一文字って、なーに？

お盆

行事のなぞなぞ こたえ 盆おどり

「爆発音」ってどんな音でしょう？輪になっておどると、その音が聞こえそうなら、ぼん（ボン！）おどりです。

解説 盆おどりとは、お盆の時期におむかえした、ご先祖さまの霊といっしょにすごして、おくりだすためのものです。もともとは、自分で念仏をとなえておどる「念仏おどり」だとされています。それから、おどる人と念仏をとなえる人にわかれた「おどり念仏」になり、これらがお盆の行事と合わさって、盆おどりになりました。

メッセージなぞなぞ こたえ

忍の一字

今日はなんの日なぞなぞ こたえ 俳句の日

人から呼ばれたとき、「ハイ」と返事をします。そのとき苦しくなるなら「ハイ」「苦」ですね。

解説 8月19日は、「は（8）い（1）く（9）」のごろ合わせの、俳句の日です。1991年に正岡子規の研究家の坪内稔典たちが提唱し、定められました。この日は「夏休み中の子どもたちに俳句に親しんでもらいたい」という、目的があります。

七十二候なぞなぞ こたえ ひぐらし

ひぐらしと呼ばれるセミは「かなかな」と鳴きます。「なかなか」をさかさに読むとこたえが連想できますね。

解説 8月13日～8月17日ごろは、七十二候で「ひぐらしなく」と言って、ひぐらしが鳴き始めるという意味です。季節は初秋をあらわし、夏の終わりを感じさせるものです。

8月 8.21~8.31

自由研究

自由研究は、興味や関心を持ったこと、疑問に思ったことをテーマとして、そのこたえを探るために自分で調べます。そしてみちびき出した考えをほかの人にも知ってもらうことが目的です。「知る」ことの楽しさを体験することができます。自分で調べて学んだことは力になります。

行事のなぞなぞ

子どものときは地底探検、大人になったら鳴きながら木登り。これなーに？

きせつなぞなぞ

めしはめしでも、ぶきみな場所でするめしってなーに？

今日はなんの日なぞなぞ

8月31日は、イチゴとメロンは友だち。でもアボカドは友だちじゃない。そんなものの日です。さて、なんの日？

メッセージなぞなぞ

古い考えでも、前向きにたしてみればいい！　それって、どんな思考？

8月
8.21~8.31

自由研究

行事のなぞなぞ こたえ セミ

子どものとき地中にすんでいたものが、大きくなって木で鳴くなら、こたえは、セミです。

解説 セミはカメムシやタガメ、アブラムシの仲間です。アブラゼミの幼虫は土の中で6年も生活して、それから地上に出てきて成虫になります。成虫は約10日～2週間しか生きられません。鳴くのはオスだけで、鳴くといいますが、お腹で音を出しています。

メッセージなぞなぞ こたえ プラス思考

きせつなぞなぞ こたえ 肝試し（めし）

ぶきみなところへ勇気を出して行くことをなんというでしょう？ そこでする「めし」だから、こたえは決まりですね。

解説 肝試しの「肝」は、パワーの集まるものと考えられていました。その「肝」がどれだけ強いか？ つまり、ぶきみな場所に行かせて勇気があるか（肝が強いか）を、試すことだったのです。

今日はなんの日なぞなぞ こたえ 野菜の日

イチゴとメロンは分類としては野菜です。アボカドは分類としてはくだものです。イチゴとメロンが友だちなので、こたえは野菜です。

解説 8月31日は「や（8）さ（3）い（1）」のごろ合わせから、1983年に食料品流通改善協会や全国青果物商業協同組合など9団体の関連組合が定めました。野菜が持つ栄養を知ってもらい、たくさん食べてほしいという思いがこめられています。

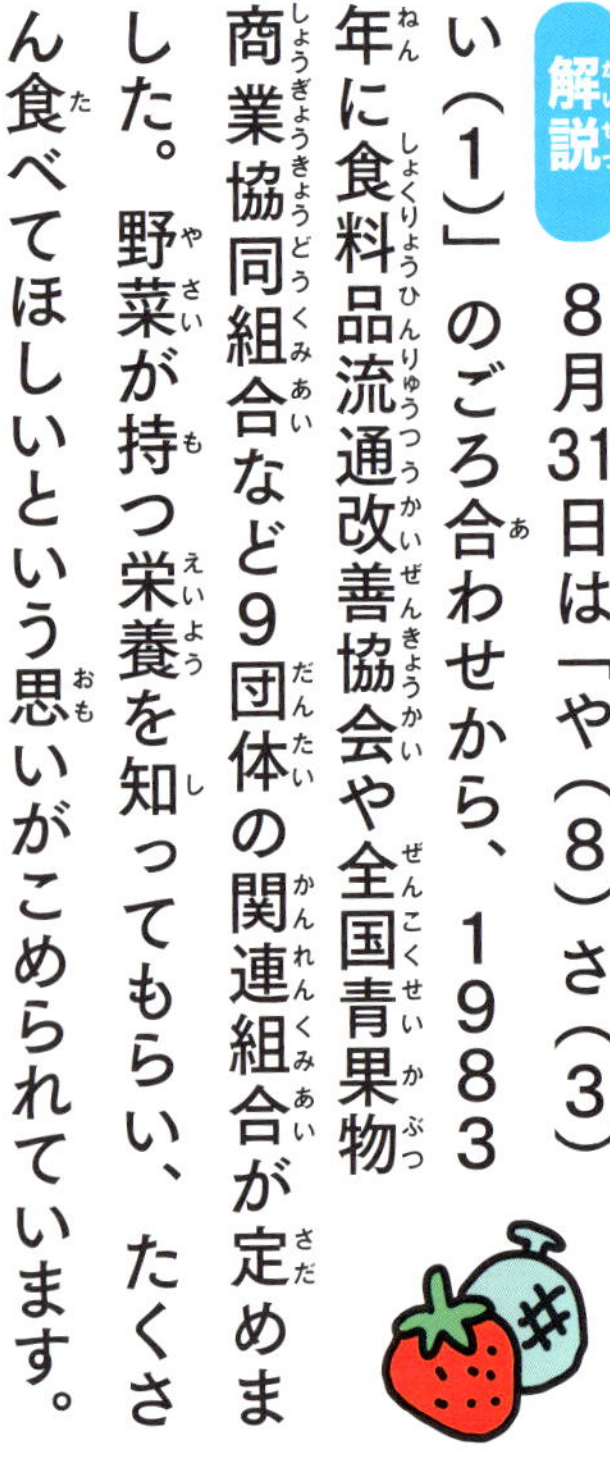

9月 9.1~9.10

防災訓練

9月1日は防災の日なので、全国的に災害に対するそなえを考え、防災訓練もおこなわれることが多いです。防災訓練は、災害がおきたときに正しい行動ができるように、災害をイメージしておこなう訓練のことです。とつぜん災害がおこると、なかなか冷静な行動はできないものです。命を守る上で大切な判断力を身につけておきたいです。

行事のなぞなぞ

非常用食品におすすめと言われる食べ物、なーんだ？

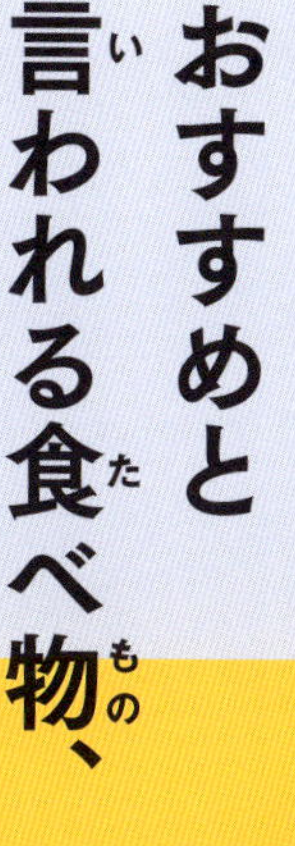

学校なぞなぞ

夏休みが終わるとあらわれる、音が鳴らせないがっきって、なーに？

今日はなんの日なぞなぞ

9月3日は、スポーツの試合で観客席にボールを入れた選手が、大よろこびするものの記念日です。さて、なんの日？

メッセージなぞなぞ

緊張するときはライラックの花を見て小さく笑おう。

9月 9.1~9.10 防災訓練

行事のなぞなぞこたえ もち

災害時に非常持ち出し用のものがあります。その「持ち出し」は「もちだし」ともいえます。こたえは、もちです。

解説 非常食とは、災害時などの非常事態によって、食料を手に入れることが難しくなると考えて、そなえておく食品のことです。ガス・電気・水道が止まっても、食べることができ、さらに長期間の保存ができるものをいいます。

メッセージなぞなぞこたえ

リラックス

（ライラックの別名はリラ。小さく笑って「クス」＝リラックス）

学校なぞなぞこたえ 2学期（楽器）

「楽器」を「学期」と置き換えて考えてみましょう。そうすると夏休みが終わってあらわれる「楽器」は、2学期です。

解説 学校の1年間を三つの学期に区切った制度を、3学期制といいます。2学期はその3学期制の区切られた学期のひとつです。一般に4月から7月を1学期、9月から12月を2学期、1月から3月を3学期としています。

今日はなんの日なぞなぞこたえ ホームラン記念日

観客席にボールを入れてうれしいなら、点が入ったのでしょう。となれば、こたえはホームラン記念日です。

解説 9月3日はホームラン記念日です。1977年に巨人軍の王貞治選手が後楽園球場で通算756号のホームランを打ち、アメリカのハンク・アーロンが持っていた、755本の世界記録を更新した日です。

9月
9.11~9.20

お月見

お月見は、一年で月が一番きれいに見える季節におこなう行事です。秋の農作物が無事に収穫できたことを感謝し、次の作物の豊作を祈る意味があります。また先祖に感謝する意味もふくまれています。始まりは中国とされています。

行事のなぞなぞ

すっぱい
お酢が
大好きな
植物は、
なーに？

今日はなんの日なぞなぞ

9月20日は、
ぶっと、
おならをして、すごい
スピードを出す、
大きな
乗り物の日です。
さて、なんの日？

七十二候なぞなぞ

ゴホンとしてから
おじぎする鳥が、
鳴くころです。

メッセージなぞなぞ

泣き顔よりも
「あいうおお」が大事だよ。

お月見

行事のなぞなぞこたえ　ススキ

お酢が好きを短くいうと「す、好き」になりませんか？　これをそのままいえば、ススキになります。

解説　ススキはイネ科の植物です。満月を豊作のしるしとしていたむかしは、野菜や稲を中秋の名月にそなえていましたが、その時期はまだ稲が完全に実っていないので、代わりにススキをそなえたのが、ならわしといわれています。

メッセージなぞなぞこたえ

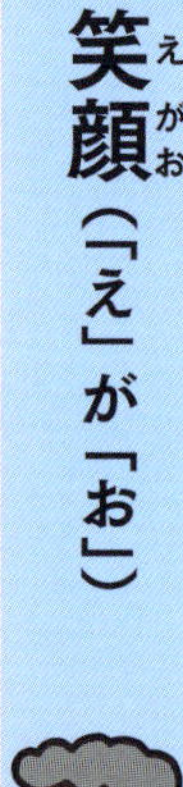

笑顔（「え」が「お」）

今日はなんの日なぞなぞこたえ　バスの日

すごいスピードを出すことを「ぶっとばす」といいます。「ぶっと」おならをした大きな乗り物なので、こたえは、バスです。

解説　1903年の9月20日に、京都市で日本初の屋根のない6人乗りの乗合バスが運行しました。そして1987年に「いつでも、どこでも、みんなのバス」をテーマに、公益社団法人日本バス協会が9月20日をバスの日に定めました。

七十二候なぞなぞこたえ　セキレイ

ゴホンといえば「せき＝セキ」ですね。それにおじぎの「礼＝レイ」で、こたえは、セキレイという鳥です。

解説　9月13日～9月17日のころは、七十二候で「せきれいなく」といって、セキレイという鳥の鳴く声がよく聞こえるころとされています。鳴き声が高くするどいので、秋の澄んだ空気によくひびくのかもしれませんね。

9月
9.21~9.30

お彼岸

お彼岸には、3月の春のお彼岸と、9月の秋のお彼岸があります。期間は春分の日、秋分の日をはさんで、それぞれ7日間です。この間はあの世と、この世がもっとも近づくとされ、お墓参りやおそなえをして、ご先祖さまを供養します。秋のお彼岸は、だいたい9月20日前後から、26日前後です。

行事のなぞなぞ

外は赤茶のつぶつぶで、中は真っ白もちもち。春にそっくりさんがいるお菓子ってなーんだ？

きせつなぞなぞ

そこにあっても、ないといわれる果物、なーに？

今日はなんの日なぞなぞ

9月26日は、海で生まれて番号をつけて、日本にくると風と雨で大あばれするものの日。さて、なんの日？

メッセージなぞなぞ

心配ごとがあったら、あたたかいコーヒーをのもう！

お彼岸

行事のなぞなぞ こたえ おはぎ

赤茶でつぶつぶと言えば小豆、もちもちはもち米でお菓子とくれば、ぼたもちといいたくなりますが、ぼたもちは春のお菓子。そっくりさんで秋のお菓子と考えれば、こたえは、おはぎです。

解説 おはぎはもち米に、うるち米をまぜて炊き、米つぶが残るていどに軽くつぶして、あんこや、きなこでくるんだものです。最初のころのおはぎは、あまくなく厄よけや行事食として使われていました。名前の由来は、お彼岸ごろに咲く萩の花に似ていたためといわれています。

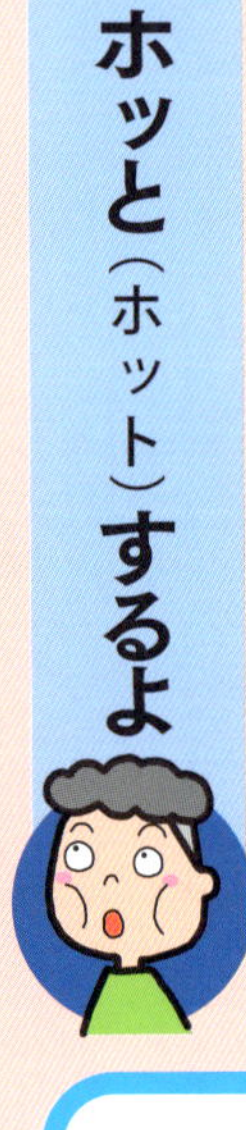

メッセージなぞなぞ こたえ

ホッと（ホット）するよ

きせつなぞなぞ こたえ 梨

あってもない！ つまり「なし」ですね。だからこたえは、梨です。

解説 梨はバラ科の果物です。弥生時代から食べられたといわれていますが、本格的な栽培が始まったのは、江戸時代からです。おもに「和梨」「洋梨」「中国梨」があります。梨の国内生産量のトップの県は、千葉県（※）です。

今日はなんの日なぞなぞ こたえ 台風襲来の日

風と雨なので天候に関係ある、番号がついたもの。残りのヒントもよく読めば、こたえは台風です。

解説 洞爺丸台風、狩野川台風、伊勢湾台風など、日本に重大な被害をもたらしたのが9月26日。統計上台風の襲来回数が多いこの日を「台風襲来の日」としました。秋は、台風の進路に関係する気圧配置や空の空気の流れが変わって、日本に近づきやすくなります。

※2024年11月現在

きせつの４コマなぞなぞ

8月・9月は、楽しい夏休みが終わって新学期も始まります。宿題は大丈夫ですか？なぞなぞの解き方も、だいぶ慣れてきたと思います。ここでもう少しだけがんばって、このきせつに関係ある問題を考えてみてください。

まだまだあるよ！

今日はなんの日なぞなぞ❶

8月20日は、みどりなのに、
あおとよばれ、
進めるものの日。
さて、なんの日？

あお

まだまだあるよ！

今日はなんの日なぞなぞ❷

9月の第3月曜日は、
どんな人でもすぐに家に
帰りたくなる日って、
どんな日でしょう？

きせつの4コマなぞなぞこたえ

こたえ **山の日**

4コマなぞなぞのヒントはどこに登っているかです。そして登った人より、どうしても山は低くなりますね。

解説

8月11日の山の日は「山に親しむ機会を得て、山の恩恵に感謝する」という祝日で、2016年に施行されました。日本には16日の祝日がありますが、その中でも「山の日」は一番新しい祝日です。

まだまだあるよ！

今日はなんの日なぞなぞ①のこたえ

交通信号設置記念日

あおと言われますが、じつはみどり。これにヒントの「進める」を合わせて考えると、こたえは、交通信号です。

解説

8月20日は交通信号設置記念日です。1931年8月20日、東京の銀座四丁目などに日本初の3色灯信号機が設置されたのが由来です。交通信号の赤が右にあるのは、道路の真ん中に近いと、運転する人から見やすいからです。

まだまだあるよ！

今日はなんの日なぞなぞ②のこたえ

敬老の日

「帰ろう」を「けいろう」というときがあります。けいろうは、敬老に置き換えられるので、こたえは敬老の日です。

解説

敬老の日は「多年にわたり社会に尽くしてきた老人を敬愛し、長寿を祝う日」とされています。もとは9月15日が敬老の日でした。2003年からは、祝日法の改正で、9月の第3月曜日と定められました。

10月
10.1~10.10

運動会

運動会は、体力や運動能力をのばすことを目標にしています。そして集団内での守るべきルールや、友だちと助け合い、最後までやりぬく、達成する感覚を身につける意味もあります。集団行動をするとき、まわりに対して危険がないように、気をくばることの経験にもなります。

行事のなぞなぞ

みんなで競争しているのに、後ろに行かないと勝てないもの、なーに？

今日はなんの日なぞなぞ

10月8日は、えんぴつはあるけどクレヨンはない、家はあるけどビルはないものの日。さて、なんの日？

七十二候なぞなぞ

そろそろ、ある場所から水がぬかれてどじょうやカエルがこまるころです。

メッセージなぞなぞ

たおれそうなのに積極的とほめられる姿勢って、どんなの？

運動会

行事のなぞなぞ こたえ 綱引き

「後ろに行く」で、引っ張ることが連想されます。そうすれば勝てる競技は、綱引きですね。

解説 綱引きは、1本のロープを2つのチームが左右にわかれて、おたがいの陣地に引き合う競技のことです。もともとは作物の豊作やものごとのよしあしをうらなう儀式としておこなわれていました。競技としては、飛鳥時代の貴族のあそびから始まったとされています。

メッセージなぞなぞ こたえ

前のめりな姿勢

今日はなんの日なぞなぞ こたえ 木の日

えんぴつと家に共通する材料は、なんでしょう？　そしてクレヨンにもビルにもないものは？　こたえは、木です。

解説 日本木材青壮年団体連合会が、漢字の「十＋八」で「木」の字になることから、1977年に、10月8日を「木の日」にしようと定めました。身近にある木について知り、木材を大いに使ってもらおうという思いがこめられています。

七十二候なぞなぞ こたえ 田んぼ

どじょうやカエルが水がないとこまるところといえば、こたえは、田んぼです。

解説 10月3日～10月7日のころは、七十二候で「みずはじめてかるる」といって、日本では、水田の水をぬいて稲刈りにそなえるころという意味ですが、枯れ色になった、秋の風景をあらわしているともいわれています。

いもほり

いもほりは、土をさわって食材を手にする自然のリアルな感覚を体験できる行事です。また、農業や収穫した作物に対して感謝の気持ちをもたせるねらいもあります。時期は、いもの種類によりますが、だいたい7月から10月までが適しているとされています。

行事のなぞなぞ

サツマイモをぬすんだどろぼうたち。一人がつかまったら、みんなつかまってしまったのはどうして？

きせつなぞなぞ

秋になってトゲトゲのコートを、ぬいだものをひろうことを、なんというでしょう？

今日はなんの日なぞなぞ

10月18日は、カッチカチなのに食べるときはアッツアツなものの日。これなんの日？

メッセージなぞなぞ

新しい考えをしたいなら、タコみたいになれ。どういうこと？

10月
10.11~10.20

いもほり

行事のなぞなぞ こたえ いもづる式だったから

どろぼうたちがぬすんだのはサツマイモだったから、一人がつかまるとサツマイモのつるでつながっているように、みんなつかまった。つまりこたえは、いもづる式だったから、です。

解説 ひとつのことから、それに関わる多くがあらわれることを、いもづる式といいます。語源は、サツマイモやジャガイモを収穫すると「つる」に、いくつもいもがつながっていることから。つまりひとつのいもを見つけると、ほかのいもがたくさん見つかることのたとえです。

メッセージなぞなぞ こたえ やわらか頭

きせつなぞなぞ こたえ 栗ひろい

秋とトゲトゲのコートで連想するものは、なんでしょう？ そこから出てきたものをひろうので、こたえは栗ひろいですね。

解説 栗は熟すと自然と木から落ちます。そして落ちたものをひろうので「栗狩り」とはいわないで、「栗ひろい」といいます。栗ひろいの時期は、だいたい9月の中旬から10月の中旬とされています。

今日はなんの日なぞなぞ こたえ 冷凍食品の日

カッチカチで思いつくのは、かたいもの、こおっているものです。でも食べるときは、アッツアツにあたたまるのですから、こたえは冷凍食品です。

解説 冷凍の「とう」が「10」につながり、冷凍食品の世界共通の管理温度がマイナス18℃以下であることから、冷凍食品の正しい普及を目指す、一般社団法人日本冷凍食品協会が、1986年に10月18日を冷凍食品の日と、定めました。

ハロウィン

仮装して町をねりあるく、楽しい面が受け入れられ、子どもを中心にすっかりおなじみになった10月31日のハロウィン。でも実は、11月1日の、キリスト教における聖人を記念する日（万聖節）の前夜祭です。ヨーロッパが始まりといわれ、秋の収穫をお祝いし、先祖の霊をおむかえして悪霊を追いはらうお祭りです。

行事のなぞなぞ

大きく育てられたのに、食べられないでおばけになる野菜ってなーんだ？

学校なぞなぞ

おうちの人が学校に、本を3冊持ってやってきました。どうしてでしょう？

今日はなんの日なぞなぞ

10月29日は、ドアのまん中に、「り」の字を書いたおいしいものの日。さて、なんの日？

メッセージなぞなぞ

家族はいつもきみにでっかい丸。なにしてる？

10月 10.21~10.31 ハロウィン

行事のなぞなぞこたえ ジャンボカボチャ

おばけに関連する大きな野菜で、すぐに思いうかぶのは、ハロウィンのおばけかぼちゃですね。これを、ジャンボカボチャといいます。

解説 アトランティックジャイアント。これはジャンボカボチャのことです。とても大きくて、800kg以上の重さになることもあります。もともとアメリカではハロウィンのとき、収穫量の少ないカブを使ってランタンを作っていました。やがて収穫量の多いカボチャを使うようになったのが始まりです。

メッセージなぞなぞこたえ

応援（大円）

学校なぞなぞこたえ 授業参観

本3冊を3巻と考えます。3巻と参観をまちがえた、つまり授業参観を、授業3巻とかんちがいしたのです。

解説 授業参観とは、学校でおこなわれる授業のひとつです。生徒の保護者が教室に入り、授業を見ることができます。授業参観に参加すると、子どものようすやクラスの雰囲気がわかります。

今日はなんの日なぞなぞこたえ ドリアの日

「ドア」のまん中に「り」を入れるとどうなりますか？「ドリア」ですね。こたえはドリアの日でした。

解説 ドリアはバターライスなどに、ホワイトソースとチーズをのせて、オーブンで焼いた料理です。1927年10月29日に、横浜のホテルニューグランドの初代総料理長として来日したサニー・ワイルが考案しました。そこで2021年にこの日がドリアの日と、一般社団法人日本記念日協会より認定されました。

11月

11.1~11.10

酉の市

酉の市は、11月の十二支の酉の日に、関東各地でおこなわれる、商売繁盛などをねがうお祭りです。酉の市の始まりは、東京の足立区花畑にある大鷲神社といわれています。もともとは、農民が鷲大明神に収穫を感謝するお祭りでした。

行事のなぞなぞ

そうじ道具なのに、
かざりが
いっぱいついていて、
お店の高い
ところに
かかっている
縁起ものとは？

きせつなぞなぞ

おなかの中が
あったかいから、
足や手をつっこまれる
もの、な〜んだ？

今日はなんの日なぞなぞ

11月10日は、
ボタンを押すだけで
人間が上がったり、
下がったりする
箱の日。
さて、なんの日？

メッセージなぞなぞ

だれでも持てて、あふれることもあるかもしれないけど、捨てちゃいけない「棒」って、なーに？

11月 11.1~11.10 酉の市

行事のなぞなぞ こたえ 熊手

そうじ道具と、お店にある縁起もので、同じ名前のものを考えてみましょう。こたえは、熊手です。

解説 酉の市はもともと、農民が秋の収穫を祝うお祭り。それが酉の市の「とり」が「取る」に通じ、商人も商売繁盛をねがう大きなお祭りに変わっていきました。熊手の、落ち葉を「かき寄せる」使い方から、幸運や金運を「かき寄せる」ことに見立て、酉の市の縁起物としておなじみとなりました。

メッセージなぞなぞ こたえ

希望（棒）

きせつなぞなぞ こたえ こたつ

足をつっこむもので考えてみましょう。そしておなかの中、つまり中があったかいものならば、こたえは、こたつです。

解説 日本には亥の月（現在の11月ごろ）の、最初の亥の日におこなわれる「こたつ開き」という習慣があります。亥とはイノシシのことで、水の力を持つとされています。むかし、暖房には火を使っていたので、水の力で火事などをおさえると考えられていました。

今日はなんの日なぞなぞ こたえ エレベーターの日

箱に入って、ボタンを押して上下するなら、こたえはエレベーターです。

解説 1890年の11月10日に、東京・浅草にあった12階建ての凌雲閣に、日本初の電動式エレベーターが設置されました。それにあやかり1979年に一般社団法人日本エレベーター協会（JEA）が、この日を「エレベーターの日」と定めました。

11月 11.11~11.20

七五三

七五三の由来は、平安時代におこなわれた3歳の「髪置き」、5歳の「袴着」、7歳の「帯解き」といわれています。毎年11月15日に、3歳の女の子、5歳の男の子、7歳の女の子の成長を、神社などで祝う日本の伝統行事です。

行事のなぞなぞ

神社の入り口で、長い足を開いて来る人をむかえるせいたかのっぽ、なーんだ？

きせつなぞなぞ

カラシなのに食べられない、ふくと寒くて冷たいカラシは、なーに？

今日はなんの日なぞなぞ

11月11日は、体のはしとはしに「＋」と「－」をつけているけど、算数はしないものの日です。さて、なんの日？

メッセージなぞなぞ

にくまん、あんまん、カレーまん。人をきらいになりたくないとき食べるのは？

七五三

行事のなぞなぞ こたえ 鳥居

神社の入り口になにがありますか？ そして長い足となれば、こたえは、鳥居です。

解説 鳥居は神社の内側にある神聖な場所と、人々がくらす外側にある場所を区切る役割があります。また、天照大御神が天の岩屋にかくれたとき、常世長鳴鳥という鳥を止まり木にとまらせて鳴かせた言い伝えがあります。この「**鳥が居た木**」が起源のひとつです。

メッセージなぞなぞ こたえ

にくまん（憎まん）

きせつなぞなぞ こたえ 木枯らし

ふくものだから風を連想します。その風にカラシがつけば、こたえは、木枯らしです。この風がふくと、もうすぐ冬です。

解説 木枯らしとは、10月の中旬～11月下旬の間にふく北よりの風のことです。その年に初めてふく毎秒8メートル以上の風を木枯らし1号といいます。この風がふくと、西高東低の冬型の気圧配置になったことになり、冬の寒さがおとずれます。

今日はなんの日なぞなぞ こたえ 電池の日

体にプラス、マイナスがあるものを考えましょう。でもあるだけで算数はしません。こたえは、電池です。

解説 乾電池の＋と－を十一月と十一日に見立てて、11月11日を電池の日としました。1987年に一般社団法人電池工業会が、電池についての正しい知識と理解を広め、常に正しく使ってもらう目的で、定めました。

勤労感謝の日

11月23日は勤労感謝の日です。以前はこの日に宮中で稲の収穫を祝い、次の豊作を祈る式典の「新嘗祭」がおこなわれていました。それが1948年に「勤労をたっとび、生産を祝い、国民互いに感謝をしあう」という、勤労感謝の日となりました。

行事のなぞなぞ

社会の役に立つために必要な「4」「5」「10」、なーんだ？

今日はなんの日なぞなぞ

11月26日は、だれでも生まれたままのすがたにもどってしまう場所の日です。さて、なんの日？

七十二候なぞなぞ

世界中のあちこちでかかるけど、絶対にわたれない橋って、なーんだ？

メッセージなぞなぞ

ハサミなんかなくっても、いつだってなにかを始めれば、切れるものさ！

11月 11.21~11.30 勤労感謝の日

行事のなぞなぞこたえ 仕事

「4」「5」「10」を別の読み方でまとめて読むと、どうでしょう？ そして社会に役立つ。こたえは、仕事です。

解説 仕事とはなんでしょう。社会にはいろいろな仕事があります。人が仕事をすることで、社会は回っています。仕事をして手に入れたお金で、人は食事をし、住むところを持ち、生きていきます。人は仕事を通じて知識を得て、技術を高めて、人間として成長します。人が仕事をし、社会の役に立つことで、国は豊かになり、未来につづいていくのです。

メッセージなぞなぞこたえ スタート

今日はなんの日なぞなぞこたえ いい風呂の日

生まれたままのすがたとは、はだかのことです。だれもがはだかになる場所といえば、おふろです。

解説 11月26日は「いい（11）ふろ（26）」のごろ合わせから、いい風呂の日です。日本浴用剤工業会により入浴剤の効果を広める目的で定められました。寒くなる11月下旬の時期なので、お風呂でゆっくり疲れをとってほしいというねがいもあります。

七十二候なぞなぞこたえ にじ

見えるけどわたれないけどこわれていません。見えるけどわたれないのです。そして世界中で見える。こたえは、にじです。

解説 11月22日～11月27日のころは、七十二候で「にじかくれてみえず」といって、昼が短く日差しも弱くなります。くもりも多いので、にじを見ることが少なくなるという意味です。

きせつの４コマなぞなぞ

10月11月

10月・11月は秋もだんだん深まってきて、もうすぐ冬がやって来る時季になりました。でもまだまだ、秋らしいなぞなぞがいっぱいあるよ。４コママンガの問題もふくめて、チャレンジしてみて。友だちはどれだけこたえられるかな？

まだまだあるよ！

今日はなんの日なぞなぞ❶

10月14日は、乗り、撮り、模型…、あなたは「どう？」ときかれる日。さて、なんの日？

まだまだあるよ！

今日はなんの日なぞなぞ❷

11月3日は、音がして蚊が飛んでくる日だよ。さて、なんの日？

きせつの４コマなぞなぞ こたえ

こたえ **読書週間**

ヒントは「習慣」です。これを「週間」に置き換えれば、こたえは読書週間です。

解説

1947年から始まった秋の読書週間は、毎年10月27日～11月９日までの期間です。読書の楽しさやすばらしさを知り、進んで本を読もうとする、読書のきっかけを作るねらいがあります。友だちからの本の紹介などで興味が高まるといいですね。

まだまだあるよ！

今日はなんの日なぞなぞ❶のこたえ

鉄道の日

乗り・撮り・模型の後に、共通の言葉が入ります。大ヒントは「どう？」です。こたえは、鉄道です。

解説

1872年10月14日に新橋～横浜間に日本で最初の鉄道が開通しました。1994年に国土交通省の提案で、この日を鉄道の日と定めました。鉄道が国民に広く愛され、役割に理解と関心を深めたいねらいがあります。

まだまだあるよ！

今日はなんの日なぞなぞ❷のこたえ

文化の日

蚊が飛ぶ音は「ブーン」ですね。合わせて「ブーン蚊」。これに少し想像をはたらかせれば、文化の日になります。

解説

文化の日は、もともとは1946年の11月３日に日本国憲法が公布されたのがはじまりです。「自由と平和を愛し、文化をすすめる」という日本国憲法の精神から、1948年に祝日に定められました。

なぞなぞのさくいん

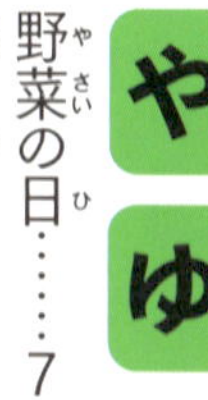

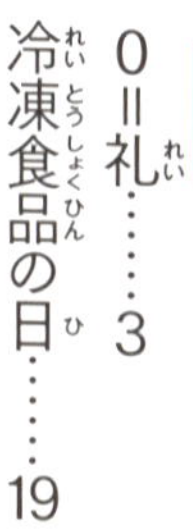

このみ・プラニング

1000万部を超える人気シリーズ「ぴょこたんのあたまのたいそう」の作者・このみひかるの制作を支えるプロダクションとして設立。のちに企画編集に携わり、『ぴょこたんのなぞなぞ1616』『はじめての なぞなぞ ぴょこたんと あそぼう』(ともに、あかね書房)など多数をサポート。現在は、このみひかるの作品や遊び、世界観を継承しつつ、『超ムズ! おばけめいろ』『超難問挑戦まちがいさがし 空飛ぶ魔法編』『ぴょこたんめいろ おばけの町へGO!』(いずれも、あかね書房)、『新レインボーなぞなぞ大辞典 ダジャレ付き』(Gakken)など、遊びの本の作・制作・編集などを幅広く手がけている。

イラスト 柳 深雪
ブックデザイン 原田暁子
編集協力 高木信正
校正 文字工房燦光

NDC384
このみ・プラニング
校内放送で役立つ! 行事のなぞなぞ
② 8月〜11月 行事のなぞなぞ
あかね書房 2025年 31p 27cm × 22cm

校内放送で役立つ! 行事のなぞなぞ
❷ 8月〜11月 行事のなぞなぞ

2025年3月27日 初版発行

作 このみ・プラニング

発行者 岡本光晴
発行所 株式会社あかね書房
〒101-0065 東京都千代田区西神田3-2-1
電話 03-3263-0641(営業) 03-3263-0644(編集)
印刷所 中央精版印刷株式会社
製本所 株式会社難波製本

ISBN978-4-251-09532-9
落丁本・乱丁本はお取りかえいたします。
https://www.akaneshobo.co.jp

校内放送で役立つ！

行事のなぞなぞ

作 このみ・プラニング

行事を中心に、記念日や学校まわりのものごとから出題し、
こたえあわせで解説するなぞなぞブック。

❶ 4月～7月 行事のなぞなぞ

1巻は入学式から海の日まで。

❷ 8月～11月 行事のなぞなぞ

2巻は花火大会から勤労感謝の日まで。

❸ 12月～3月 行事のなぞなぞ

3巻は大雪から春分の日まで。